Journal

The 5 Year Journal

Designed and Created by Theresa Parrilli-Cooper and Associates

---

Thank you to all those who helped me with the creation, design, and constant encouragement to get this journal to this point -- especially John Parrilli, (whose creativeness and drive brought this journal to fruition), Jennifer Parrilli, Henry Parrilli, Jr., Yvonne Morgan, Carol Stricker, Donna Curry and all the other family and friends who helped me through the hard times and wouldn't let me give up. A special thank you to my granddaughter, Tiffany Parrilli, who taught me to look at life through the eyes of a child and inspired me to create this journal to capture the wonderment of the simple pleasures of life. A final thank you to my dad, who through his untimely death taught me how special each and every moment of life is.

TABLE OF CONTENTS

To everything there is a season,
a time for every purpose under the sun.
A time to be born and a time to die;
a time to plant and a time to pluck up that which is planted;
a time to kill and a time to heal ...
a time to weep and a time to laugh;
a time to mourn and a time to dance ...
a time to embrace and a time to refrain from embracing;
a time to lose and a time to seek;
a time to rend and a time to sew;
a time to keep silent and a time to speak;
a time to love and a time to hate;
a time for war and a time for peace.

ecclesiastes 3:1-8

January 1

Important Dates and Reminders

20___

20___

20___

20___

20___

Important Dates and Reminders

January 2

20_____

20_____

20_____

20_____

20_____

January 3

20___

20___

20___

20___

20___

Important Dates and Reminders

January 4

20 ___

20 ___

20 ___

20 ___

20 ___

January 5	*Important Dates and Reminders*

20__	
20__	
20__	
20__	
20__	

Important Dates and Reminders

January 6

20 ____

20 ____

20 ____

20 ____

20 ____

January 7	Important Dates and Reminders

20__	
20__	
20__	
20__	
20__	

Important Dates and Reminders

20 _____

20 _____

20 _____

20 _____

20 _____

January 9

20___

20___

20___

20___

20___

Important Dates and Reminders

20 ___

20 ___

20 ___

20 ___

20 ___

January 11

20___

20___

20___

20___

20___

Important Dates and Reminders

January 12

20 ___

20 ___

20 ___

20 ___

20 ___

January 13

20___

20___

20___

20___

20___

Important Dates and Reminders

20 ___

20 ___

20 ___

20 ___

20 ___

Important Dates and Reminders

_____

20___

20___

20___

20___

20___

Important Dates and Reminders

January 16

20 ____

20 ____

20 ____

20 ____

20 ____

January 17

20___

20___

20___

20___

20___

Important Dates and Reminders

January 18

20____

20____

20____

20____

20____

Important Dates and Reminders

20___

20___

20___

20___

20___

Important Dates and Reminders

January 20

20 ___

20 ___

20 ___

20 ___

20 ___

January 21

20___

20___

20___

20___

20___

Important Dates and Reminders

January 22

20___

20___

20___

20___

20___

January 23

20___

20___

20___

20___

20___

Important Dates and Reminders

January 24

20 ____

20 ____

20 ____

20 ____

20 ____

January 25

Important Dates and Reminders

_____

_____

20___

20___

20___

20___

20___

Copyright 2010 Parrilli Designs
- 26 -
All Rights Reserved

Important Dates and Reminders

January 26

20 ___

20 ___

20 ___

20 ___

20 ___

Important Dates and Reminders

_____

20__	

20__	

20__	

20__	

20__	

Important Dates and Reminders

20 ___

20 ___

20 ___

20 ___

20 ___

20___

20___

20___

20___

20___

Important Dates and Reminders

January 30

20 ___

20 ___

20 ___

20 ___

20 ___

Important Dates and Reminders

20___

20___

20___

20___

20___

Important Dates and Reminders

20____

20____

20____

20____

20____

Important Dates and Reminders

20___

20___

20___

20___

20___

Important Dates and Reminders

20 ___

20 ___

20 ___

20 ___

20 ___

February 1

Important Dates and Reminders

20____

20____

20____

20____

20____

- 36 -

Important Dates and Reminders

February 2

20 ____

20 ____

20 ____

20 ____

20 ____

Important Dates and Reminders

20___

20___

20___

20___

20___

Important Dates and Reminders

February 4

20 ____

20 ____

20 ____

20 ____

20 ____

February 5

20___

20___

20___

20___

20___

Important Dates and Reminders

February 6

20 _____

20 _____

20 _____

20 _____

20 _____

Important Dates and Reminders

20____

20____

20____

20____

20____

Important Dates and Reminders

February 8

20___

20___

20___

20___

20___

February 9

20____

20____

20____

20____

20____

Important Dates and Reminders

February 10

20 ___

20 ___

20 ___

20 ___

20 ___

February 11

20____

20____

20____

20____

20____

Important Dates and Reminders

February 12

20___

20___

20___

20___

20___

February 13

Important Dates and Reminders

20____

20____

20____

20____

20____

Important Dates and Reminders

February 14

20 ___

20 ___

20 ___

20 ___

20 ___

- 49 -

February 15

20___

20___

20___

20___

20___

Important Dates and Reminders

February 16

20 ___

20 ___

20 ___

20 ___

20 ___

Important Dates and Reminders

20___

20___

20___

20___

20___

Important Dates and Reminders

20 _____

20 _____

20 _____

20 _____

20 _____

- 53 -

February 19

Important Dates and Reminders

20____

20____

20____

20____

20____

Important Dates and Reminders

February 20

20 ___

20 ___

20 ___

20 ___

20 ___

February 21

20___

20___

20___

20___

20___

Important Dates and Reminders

February 22

20 ___

20 ___

20 ___

20 ___

20 ___

February 23

20___

20___

20___

20___

20___

Important Dates and Reminders

February 24

20___

20___

20___

20___

20___

Important Dates and Reminders

20___

20___

20___

20___

20___

Important Dates and Reminders

February 26

20____

20____

20____

20____

20____

Important Dates and Reminders

_____

20___

20___

20___

20___

20___

Important Dates and Reminders

February 28

20 ___

20 ___

20 ___

20 ___

20 ___

February 29

Important Dates and Reminders

20___

20___

20___

20___

20___

Important Dates and Reminders

20 _____

20 _____

20 _____

20 _____

20 _____

Important Dates and Reminders

20___

20___

20___

20___

20___

Important Dates and Reminders

20____

20____

20____

20____

20____

Important Dates and Reminders

20___

20___

20___

20___

20___

Important Dates and Reminders

March 2

20___

20___

20___

20___

20___

March 3

Important Dates and Reminders

20___

20___

20___

20___

20___

Copyright 2010 Parrilli Designs

All Rights Reserved

Important Dates and Reminders

20____

20____

20____

20____

20____

March 5

20___

20___

20___

20___

20___

Important Dates and Reminders

20____

20____

20____

20____

20____

March 7

Important Dates and Reminders

_____

20___

20___

20___

20___

20___

Important Dates and Reminders

March 8

20____

20____

20____

20____

20____

March 9

Important Dates and Reminders

20___

20___

20___

20___

20___

Important Dates and Reminders

March 10

20 _____

20 _____

20 _____

20 _____

20 _____

Important Dates and Reminders

20___

20___

20___

20___

20___

Important Dates and Reminders

March 12

20___

20___

20___

20___

20___

20____

20____

20____

20____

20____

Important Dates and Reminders

March 14

20 ___

20 ___

20 ___

20 ___

20 ___

March 15

20___

20___

20___

20___

20___

Important Dates and Reminders

March 16

20 ___

20 ___

20 ___

20 ___

20 ___

Important Dates and Reminders

20___

20___

20___

20___

20___

Important Dates and Reminders

March 18

20 ___

20 ___

20 ___

20 ___

20 ___

March 19

20___

20___

20___

20___

20___

Important Dates and Reminders

March 20

20 ___

20 ___

20 ___

20 ___

20 ___

Important Dates and Reminders

20____

20____

20____

20____

20____

Important Dates and Reminders

20___

20___

20___

20___

20___

Important Dates and Reminders

20___

20___

20___

20___

20___

Important Dates and Reminders

March 24

20___

20___

20___

20___

20___

March 25		Important Dates and Reminders

20__

20__

20__

20__

20__

20___

20___

20___

20___

20___

Important Dates and Reminders

20___

20___

20___

20___

20___

Important Dates and Reminders

March 28

20____

20____

20____

20____

20____

March 29

20____

20____

20____

20____

20____

Important Dates and Reminders

March 30

20___

20___

20___

20___

20___

March 31

Important Dates and Reminders

20____

20____

20____

20____

20____

Important Dates and Reminders

20___

20___

20___

20___

20___

Important Dates and Reminders

20___

20___

20___

20___

20___

Important Dates and Reminders

20 ___

20 ___

20 ___

20 ___

20 ___

- 101 -

April 1

Important Dates and Reminders

20___

20___

20___

20___

20___

Important Dates and Reminders

April 2

20___

20___

20___

20___

20___

Important Dates and Reminders

20___

20___

20___

20___

20___

Important Dates and Reminders

April 4

20 ___

20 ___

20 ___

20 ___

20 ___

April 5	*Important Dates and Reminders*

20__	
20__	
20__	
20__	
20__	

- 106 -

Important Dates and Reminders

April 6

20___

20___

20___

20___

20___

April 7

20___

20___

20___

20___

20___

Important Dates and Reminders

April 8

20___

20___

20___

20___

20___

April 9

20___

20___

20___

20___

20___

Important Dates and Reminders

April 10

20___

20___

20___

20___

20___

Important Dates and Reminders

20___

20___

20___

20___

20___

Important Dates and Reminders

April 12

20____

20____

20____

20____

20____

April 13

Important Dates and Reminders

20____

20____

20____

20____

20____

Important Dates and Reminders

April 14

20 ___

20 ___

20 ___

20 ___

20 ___

April 15

20____

20____

20____

20____

20____

Important Dates and Reminders

20____

20____

20____

20____

20____

April 17	*Important Dates and Reminders*

20___

20___

20___

20___

20___

Important Dates and Reminders

April 18

20 ___

20 ___

20 ___

20 ___

20 ___

Important Dates and Reminders

20___

20___

20___

20___

20___

20 ____

20 ____

20 ____

20 ____

20 ____

Important Dates and Reminders

20____

20____

20____

20____

20____

Important Dates and Reminders

April 22

20 ___

20 ___

20 ___

20 ___

20 ___

April 23

Important Dates and Reminders

_____

20____

20____

20____

20____

20____

Important Dates and Reminders

April 24

20___

20___

20___

20___

20___

April 25

20___

20___

20___

20___

20___

Important Dates and Reminders

April 26

20____

20____

20____

20____

20____

Important Dates and Reminders

20___

20___

20___

20___

20___

Important Dates and Reminders

April 28

20 _____

20 _____

20 _____

20 _____

20 _____

Important Dates and Reminders

20___

20___

20___

20___

20___

Important Dates and Reminders

April 30

20

20

20

20

20

Important Dates and Reminders

20___

20___

20___

20___

20___

Important Dates and Reminders

20 __

20 __

20 __

20 __

20 __

May 1

20___

20___

20___

20___

20___

Important Dates and Reminders

May 2

20 ___

20 ___

20 ___

20 ___

20 ___

May 3

Important Dates and Reminders

20___

20___

20___

20___

20___

Important Dates and Reminders

May 4

20 ___

20 ___

20 ___

20 ___

20 ___

May 5

Important Dates and Reminders

20___

20___

20___

20___

20___

Copyright 2010 Parrilli Designs

- 138 -

Important Dates and Reminders

May 6

20___

20___

20___

20___

20___

May 7

20____

20____

20____

20____

20____

Important Dates and Reminders

May 8

20 ___

20 ___

20 ___

20 ___

20 ___

Important Dates and Reminders

20___

20___

20___

20___

20___

Important Dates and Reminders

May 10

20 ___

20 ___

20 ___

20 ___

20 ___

Important Dates and Reminders

20____

20____

20____

20____

20____

Important Dates and Reminders

20 _____

20 _____

20 _____

20 _____

20 _____

Important Dates and Reminders

20___

20___

20___

20___

20___

Important Dates and Reminders

May 14

20 ___

20 ___

20 ___

20 ___

20 ___

May 15

20___

20___

20___

20___

20___

Important Dates and Reminders

May 16

20___

20___

20___

20___

20___

May 17

Important Dates and Reminders

20___

20___

20___

20___

20___

Important Dates and Reminders

20 ___

20 ___

20 ___

20 ___

20 ___

Important Dates and Reminders

20___

20___

20___

20___

20___

Important Dates and Reminders

May 20

20____

20____

20____

20____

20____

May 21	*Important Dates and Reminders*

20___

20___

20___

20___

20___

Important Dates and Reminders

May 22

20 ___

20 ___

20 ___

20 ___

20 ___

Important Dates and Reminders

20__

20__

20__

20__

20__

Important Dates and Reminders

20 ___

20 ___

20 ___

20 ___

20 ___

May 25

Important Dates and Reminders

20___

20___

20___

20___

20___

- 158 -

Important Dates and Reminders

May 26

20 ___

20 ___

20 ___

20 ___

20 ___

May 27

Important Dates and Reminders

20___

20___

20___

20___

20___

Important Dates and Reminders

May 28

20 ___

20 ___

20 ___

20 ___

20 ___

Important Dates and Reminders

20___

20___

20___

20___

20___

Important Dates and Reminders

20 ___

20 ___

20 ___

20 ___

20 ___

Important Dates and Reminders

20___

20___

20___

20___

20___

Important Dates and Reminders

20 ___

20 ___

20 ___

20 ___

20 ___

Important Dates and Reminders

20___

20___

20___

20___

20___

Important Dates and Reminders

20 ___

20 ___

20 ___

20 ___

20 ___

20___

20___

20___

20___

20___

Important Dates and Reminders

June 2

20 ___

20 ___

20 ___

20 ___

20 ___

Important Dates and Reminders

20___

20___

20___

20___

20___

Important Dates and Reminders

June 4

20 ___

20 ___

20 ___

20 ___

20 ___

June 5

Important Dates and Reminders

20___

20___

20___

20___

20___

Important Dates and Reminders

June 6

20 ___

20 ___

20 ___

20 ___

20 ___

| June 7 | *Important Dates and Reminders* |

20___

20___

20___

20___

20___

Important Dates and Reminders

June 8

20 ___

20 ___

20 ___

20 ___

20 ___

June 9

20___

20___

20___

20___

20___

Important Dates and Reminders

June 10

20 ___

20 ___

20 ___

20 ___

20 ___

Important Dates and Reminders

20___

20___

20___

20___

20___

Important Dates and Reminders

June 12

20 ___

20 ___

20 ___

20 ___

20 ___

June 13

Important Dates and Reminders

20___

20___

20___

20___

20___

Important Dates and Reminders

| June 14 |

20 ____

20 ____

20 ____

20 ____

20 ____

Important Dates and Reminders

20___

20___

20___

20___

20___

Important Dates and Reminders

June 16

20___

20___

20___

20___

20___

Important Dates and Reminders

20___

20___

20___

20___

20___

Important Dates and Reminders

June 18

20 ___

20 ___

20 ___

20 ___

20 ___

June 19

20___

20___

20___

20___

20___

Important Dates and Reminders

June 20

20 ___

20 ___

20 ___

20 ___

20 ___

Important Dates and Reminders

20___

20___

20___

20___

20___

Important Dates and Reminders

June 22

20 ___

20 ___

20 ___

20 ___

20 ___

Important Dates and Reminders

20___

20___

20___

20___

20___

Important Dates and Reminders

June 24

20 ___

20 ___

20 ___

20 ___

20 ___

June 25

Important Dates and Reminders

20___

20___

20___

20___

20___

Copyright 2010 Parrilli Designs

- 192 -

Important Dates and Reminders

June 26

20____

20____

20____

20____

20____

Important Dates and Reminders

20___

20___

20___

20___

20___

Important Dates and Reminders

June 28

20___

20___

20___

20___

20___

Important Dates and Reminders

20____

20____

20____

20____

20____

Important Dates and Reminders

June 30

20 ____

20 ____

20 ____

20 ____

20 ____

Important Dates and Reminders

20___

20___

20___

20___

20___

Important Dates and Reminders

20 ___

20 ___

20 ___

20 ___

20 ___

July 1

Important Dates and Reminders

20___

20___

20___

20___

20___

Important Dates and Reminders

_____

July 2

20 ___

20 ___

20 ___

20 ___

20 ___

Important Dates and Reminders

20___

20___

20___

20___

20___

Important Dates and Reminders

July 4

20___

20___

20___

20___

20___

July 5

20___

20___

20___

20___

20___

Important Dates and Reminders

July 6

20___

20___

20___

20___

20___

July 7

20___

20___

20___

20___

20___

Important Dates and Reminders

July 8

20 ___

20 ___

20 ___

20 ___

20 ___

Important Dates and Reminders

20____

20____

20____

20____

20____

Important Dates and Reminders

July 10

20 ___

20 ___

20 ___

20 ___

20 ___

Important Dates and Reminders

20____

20____

20____

20____

20____

Important Dates and Reminders

July 12

20___

20___

20___

20___

20___

July 13

20___

20___

20___

20___

20___

Important Dates and Reminders

July 14

20 ___

20 ___

20 ___

20 ___

20 ___

Important Dates and Reminders

20___

20___

20___

20___

20___

Important Dates and Reminders

20 ___

20 ___

20 ___

20 ___

20 ___

July 17

20___

20___

20___

20___

20___

Important Dates and Reminders

July 18

20 ___

20 ___

20 ___

20 ___

20 ___

Important Dates and Reminders

20___

20___

20___

20___

20___

Important Dates and Reminders

20___

20___

20___

20___

20___

- 219 -

Important Dates and Reminders

20____

20____

20____

20____

20____

Important Dates and Reminders

20___

20___

20___

20___

20___

Important Dates and Reminders

20___

20___

20___

20___

20___

Important Dates and Reminders

July 24

20___

20___

20___

20___

20___

July 25

Important Dates and Reminders

20___

20___

20___

20___

20___

Important Dates and Reminders

July 26

20___

20___

20___

20___

20___

July 27

Important Dates and Reminders

20___

20___

20___

20___

20___

Important Dates and Reminders

July 28

20 ___

20 ___

20 ___

20 ___

20 ___

July 29

20___

20___

20___

20___

20___

Important Dates and Reminders

| | July 30 |

20 ___

20 ___

20 ___

20 ___

20 ___

July 31

20___

20___

20___

20___

20___

Important Dates and Reminders

20 ___

20 ___

20 ___

20 ___

20 ___

Important Dates and Reminders

20___

20___

20___

20___

20___

Important Dates and Reminders

20 _____

20 _____

20 _____

20 _____

20 _____

August 1

20___

20___

20___

20___

20___

Important Dates and Reminders

August 2

20 ___

20 ___

20 ___

20 ___

20 ___

August 3

Important Dates and Reminders

20___

20___

20___

20___

20___

Important Dates and Reminders

August 4

20 ___

20 ___

20 ___

20 ___

20 ___

August 5

Important Dates and Reminders

20___

20___

20___

20___

20___

Important Dates and Reminders

August 6

20 ___

20 ___

20 ___

20 ___

20 ___

August 7

20___

20___

20___

20___

20___

Important Dates and Reminders

August 8

20 ___

20 ___

20 ___

20 ___

20 ___

August 9

Important Dates and Reminders

20___

20___

20___

20___

20___

Important Dates and Reminders

August 10

20___

20___

20___

20___

20___

August 11

20___

20___

20___

20___

20___

Important Dates and Reminders

August 12

20___

20___

20___

20___

20___

August 13

20___

20___

20___

20___

20___

Important Dates and Reminders

August 14

20____

20____

20____

20____

20____

August 15

Important Dates and Reminders

20___

20___

20___

20___

20___

Important Dates and Reminders

August 16

20___

20___

20___

20___

20___

August 17

20___

20___

20___

20___

20___

Important Dates and Reminders

August 18

20 ___

20 ___

20 ___

20 ___

20 ___

August 19

20___

20___

20___

20___

20___

Important Dates and Reminders

August 20

20___

20___

20___

20___

20___

August 21

20___

20___

20___

20___

20___

20___

20___

20___

20___

20___

August 23

20__

20__

20__

20__

20__

Important Dates and Reminders

August 24

20 ___

20 ___

20 ___

20 ___

20 ___

August 25

20___

20___

20___

20___

20___

Important Dates and Reminders

August 26

20 ___

20 ___

20 ___

20 ___

20 ___

August 27

20___

20___

20___

20___

20___

Important Dates and Reminders

August 28

20____

20____

20____

20____

20____

August 29

Important Dates and Reminders

20___

20___

20___

20___

20___

Important Dates and Reminders

August 30

20 ___

20 ___

20 ___

20 ___

20 ___

August 31

Important Dates and Reminders

20___

20___

20___

20___

20___

Important Dates and Reminders

20____

20____

20____

20____

20____

Important Dates and Reminders

20____

20____

20____

20____

20____

Important Dates and Reminders

_____

20___

20___

20___

20___

20___

September 1

20___

20___

20___

20___

20___

Important Dates and Reminders

September 2

20___

20___

20___

20___

20___

September 3

20____

20____

20____

20____

20____

20 ___

20 ___

20 ___

20 ___

20 ___

Important Dates and Reminders

20___

20___

20___

20___

20___

Important Dates and Reminders

September 6

20 ___

20 ___

20 ___

20 ___

20 ___

September 7

20____

20____

20____

20____

20____

Important Dates and Reminders

September 8

20 ___

20 ___

20 ___

20 ___

20 ___

September 9

20___

20___

20___

20___

20___

Important Dates and Reminders

September 10

20___

20___

20___

20___

20___

September 11

Important Dates and Reminders

20___

20___

20___

20___

20___

Important Dates and Reminders

20 ___

20 ___

20 ___

20 ___

20 ___

Important Dates and Reminders

20___

20___

20___

20___

20___

Important Dates and Reminders

September 14

20____

20____

20____

20____

20____

September 15

20___

20___

20___

20___

20___

Important Dates and Reminders

September 16

20___

20___

20___

20___

20___

Important Dates and Reminders

20___

20___

20___

20___

20___

Important Dates and Reminders

September 18

20___

20___

20___

20___

20___

Important Dates and Reminders

20___	
20___	
20___	
20___	
20___	

Important Dates and Reminders

20 ___

20 ___

20 ___

20 ___

20 ___

Important Dates and Reminders

20___

20___

20___

20___

20___

Important Dates and Reminders

September 22

20 ___

20 ___

20 ___

20 ___

20 ___

September 23

20___

20___

20___

20___

20___

Important Dates and Reminders

20 ___

20 ___

20 ___

20 ___

20 ___

Important Dates and Reminders

_____

_____

20__	
20__	
20__	
20__	
20__	

Important Dates and Reminders

September 26

20____

20____

20____

20____

20____

Important Dates and Reminders

20___

20___

20___

20___

20___

Important Dates and Reminders

September 28

20 ___

20 ___

20 ___

20 ___

20 ___

September 29

Important Dates and Reminders

20___

20___

20___

20___

20___

Important Dates and Reminders

September 30

20___

20___

20___

20___

20___

Important Dates and Reminders

20____

20____

20____

20____

20____

- 298 -

Important Dates and Reminders

20___

20___

20___

20___

20___

October 1

Important Dates and Reminders

20___

20___

20___

20___

20___

Important Dates and Reminders

20____

20____

20____

20____

20____

October 3

20___

20___

20___

20___

20___

Important Dates and Reminders

October 4

20___

20___

20___

20___

20___

October 5

20___

20___

20___

20___

20___

Important Dates and Reminders

October 6

20 ___

20 ___

20 ___

20 ___

20 ___

Important Dates and Reminders

20___

20___

20___

20___

20___

Important Dates and Reminders

October 8

20 ___

20 ___

20 ___

20 ___

20 ___

October 9

20___

20___

20___

20___

20___

Important Dates and Reminders

October 10

20 ___

20 ___

20 ___

20 ___

20 ___

Important Dates and Reminders

20____

20____

20____

20____

20____

Important Dates and Reminders

October 12

20 ___

20 ___

20 ___

20 ___

20 ___

Important Dates and Reminders

20___

20___

20___

20___

20___

Important Dates and Reminders

October 14

20___

20___

20___

20___

20___

Important Dates and Reminders

20____

20____

20____

20____

20____

Important Dates and Reminders

October 16

20____

20____

20____

20____

20____

October 17

Important Dates and Reminders

20___

20___

20___

20___

20___

Important Dates and Reminders

October 18

20___

20___

20___

20___

20___

October 19

Important Dates and Reminders

20___

20___

20___

20___

20___

Important Dates and Reminders

October 20

20 ___

20 ___

20 ___

20 ___

20 ___

Important Dates and Reminders

20____

20____

20____

20____

20____

Important Dates and Reminders

October 22

20 _____

20 _____

20 _____

20 _____

20 _____

Important Dates and Reminders

20___

20___

20___

20___

20___

Important Dates and Reminders

20 ___

20 ___

20 ___

20 ___

20 ___

- 323 -

Important Dates and Reminders

20___

20___

20___

20___

20___

Important Dates and Reminders

October 26

20 ___

20 ___

20 ___

20 ___

20 ___

October 27

Important Dates and Reminders

20___

20___

20___

20___

20___

Important Dates and Reminders

October 28

20___

20___

20___

20___

20___

| October 29 | **Important Dates and Reminders** |

20___

20___

20___

20___

20___

Important Dates and Reminders

October 30

20 ___

20 ___

20 ___

20 ___

20 ___

- 329 -

October 31

Important Dates and Reminders

_____

_____

20___	
20___	
20___	
20___	
20___	

Important Dates and Reminders

20 ___

20 ___

20 ___

20 ___

20 ___

Important Dates and Reminders

20____

20____

20____

20____

20____

Important Dates and Reminders

20___

20___

20___

20___

20___

November 1

Important Dates and Reminders

20___

20___

20___

20___

20___

Important Dates and Reminders

November 2

20___

20___

20___

20___

20___

November 3

20__	
20__	
20__	
20__	
20__	

Important Dates and Reminders

November 4

20 _____

20 _____

20 _____

20 _____

20 _____

| November 5 | Important Dates and Reminders |

20__	
20__	
20__	
20__	
20__	

Important Dates and Reminders

November 6

20 ___

20 ___

20 ___

20 ___

20 ___

November 7

Important Dates and Reminders

20___

20___

20___

20___

20___

Important Dates and Reminders

| November 8 |

20___

20___

20___

20___

20___

November 9

Important Dates and Reminders

_____

20____

20____

20____

20____

20____

Important Dates and Reminders

November 10

20____

20____

20____

20____

20____

November 11

20___

20___

20___

20___

20___

Important Dates and Reminders

November 12

20____

20____

20____

20____

20____

Important Dates and Reminders

20___

20___

20___

20___

20___

Important Dates and Reminders

November 14

20 ___

20 ___

20 ___

20 ___

20 ___

Important Dates and Reminders

20___

20___

20___

20___

20___

Important Dates and Reminders

November 16

20____

20____

20____

20____

20____

November 17

Important Dates and Reminders

20___

20___

20___

20___

20___

Important Dates and Reminders

20 ___

20 ___

20 ___

20 ___

20 ___

Important Dates and Reminders

_____

_____

20__	
20__	
20__	
20__	
20__	

Important Dates and Reminders

November 20

20 ___

20 ___

20 ___

20 ___

20 ___

Important Dates and Reminders

20___

20___

20___

20___

20___

Important Dates and Reminders

November 22

20 ___

20 ___

20 ___

20 ___

20 ___

Important Dates and Reminders

20___

20___

20___

20___

20___

20 ____

20 ____

20 ____

20 ____

20 ____

November 25	**Important Dates and Reminders**

20___

20___

20___

20___

20___

Important Dates and Reminders

November 26

20 ___

20 ___

20 ___

20 ___

20 ___

Important Dates and Reminders

20___

20___

20___

20___

20___

Important Dates and Reminders

November 28

20 ___

20 ___

20 ___

20 ___

20 ___

November 29

Important Dates and Reminders

20___

20___

20___

20___

20___

Important Dates and Reminders

November 30

20 ___

20 ___

20 ___

20 ___

20 ___

Important Dates and Reminders

20___

20___

20___

20___

20___

Important Dates and Reminders

20 _____

20 _____

20 _____

20 _____

20 _____

December 1

20___

20___

20___

20___

20___

Important Dates and Reminders

December 2

20___

20___

20___

20___

20___

Important Dates and Reminders

20___

20___

20___

20___

20___

Important Dates and Reminders

December 4

20___

20___

20___

20___

20___

December 5

20__

20__

20__

20__

20__

Important Dates and Reminders

December 6

20 ____

20 ____

20 ____

20 ____

20 ____

December 7

20___

20___

20___

20___

20___

Important Dates and Reminders

December 8

20 __

20 __

20 __

20 __

20 __

December 9

20___

20___

20___

20___

20___

Important Dates and Reminders

20 ___

20 ___

20 ___

20 ___

20 ___

Important Dates and Reminders

20____

20____

20____

20____

20____

Important Dates and Reminders

20___

20___

20___

20___

20___

December 13

Important Dates and Reminders

20___

20___

20___

20___

20___

Important Dates and Reminders

December 14

20 ___

20 ___

20 ___

20 ___

20 ___

December 15

20___

20___

20___

20___

20___

Important Dates and Reminders

20 ___

20 ___

20 ___

20 ___

20 ___

Important Dates and Reminders

20___

20___

20___

20___

20___

Important Dates and Reminders

December 18

20___

20___

20___

20___

20___

Important Dates and Reminders

20____

20____

20____

20____

20____

Important Dates and Reminders

December 20

20 ___

20 ___

20 ___

20 ___

20 ___

December 21

Important Dates and Reminders

20___

20___

20___

20___

20___

Important Dates and Reminders

December 22

20 ____

20 ____

20 ____

20 ____

20 ____

December 23

Important Dates and Reminders

20___

20___

20___

20___

20___

Important Dates and Reminders

December 24

20 ___

20 ___

20 ___

20 ___

20 ___

December 25

20___

20___

20___

20___

20___

Important Dates and Reminders

December 26

20 ___

20 ___

20 ___

20 ___

20 ___

Important Dates and Reminders

20___

20___

20___

20___

20___

Important Dates and Reminders

December 28

20 ___

20 ___

20 ___

20 ___

20 ___

Copyright 2010 Parrilli Designs   All Rights Reserved

Important Dates and Reminders

20___

20___

20___

20___

20___

Important Dates and Reminders

December 30

20___

20___

20___

20___

20___

Important Dates and Reminders

20___

20___

20___

20___

20___

Important Dates and Reminders

20___

20___

20___

20___

20___

Important Dates and Reminders

_____

_____

20___	
20___	
20___	
20___	
20___	

Important Dates and Reminders

20____

20____

20____

20____

20____

28139489R00225

Made in the USA
Middletown, DE
03 January 2016